Hommage d'un Ouvrier

A SES FRÈRES.

ORGANISATION DU TRAVAIL

OU

Véritable moyen d'assurer l'immortalité de notre sublime devise :

LIBERTÉ, ÉGALITÉ, FRATERNITÉ ;

Par Auguste CALTÉ.

Dieu qui pourvoit à la nourriture des petits oiseaux, ne laissera jamais manquer l'homme vertueux de ce qui lui est nécessaire ; soyons honnêtes, unis et pleins de confiance, notre belle patrie aura encore de beaux jours.

PRIX : 10 CENTIMES.

PARIS.

IMPRIMERIE BAILLY, DIVRY ET COMP.,
Place Sorbonne, 2.

1848

A MES CONCITOYENS, SALUT ET FRATERNITÉ.

Je dédie ce petit ouvrage sur l'organisation du travail à tous les habitants de la France ; en le composant, l'orgueil n'a pas été le mobile de ma conduite, mon désir le plus grand serait de voir tous les citoyens de notre beau pays heureux, n'importe leurs positions.

Mon travail depuis dix-huit ans a été stérile, ayant beaucoup souffert et vivant continuellement de privation. Je suis à même de connaître et de pouvoir apprécier les besoins de mes frères.

La glorieuse révolution de février, en anéantissant le despotisme, vient d'établir un gouvernement libre, selon le cœur de la majorité des Français ; les priviléges sont renversés, l'égalité entre tous les citoyens est un fait accompli.

Pour que notre conquête soit durable, il faut que la République soit respectée au dehors, et que la paix règne à l'intérieur.

Pour obtenir ce second résultat, le concours de tous les citoyens de toutes les classes est nécessaire ; le règne de l'égoïsme est à l'agonie ; ce vil sentiment qui étouffe presque toujours les plus nobles penchants du cœur va devenir la proie du néant. Les hommes deviendront frères, en se prêtant un concours mutuel.

Cet ouvrage que j'ai établi pour une corporation importante, peut également s'appliquer à tous les corps d'état; l'exécution en est aussi simple que facile.

La classe ouvrière souffre; il faut lui venir en aide et la faciliter à se créer un avenir moins sombre que par le passé. L'ouvrier satisfait dans son amour-propre, par son droit de citoyen que lui donnent les barricades, il est encore juste qu'après une vie laborieuse il puisse se reposer de ses fatigues, sans avoir l'inquiétude et les soucis du lendemain.

VIVE LA RÉPUBLIQUE!

AUGUSTE CALTÉ, fruitier,
Rue du Val-de-Grâce.

ORGANISATION DU TRAVAIL.

Union générale des Maîtres Tailleurs et des Ouvriers, ou véritable moyen d'assurer du travail, de créer une Caisse de secours et une Pension de retraite.

PROJET.

§ 1er. Il est nécessaire, pour arriver à un résultat si désirable pour la classe ouvrière, de diviser les maîtres tailleurs en trois catégories ou classes :

La 3e classe comprend tous les tailleurs qui occupent de 1 à 6 ouvriers.

La 2e classe comprend tous les tailleurs qui occupent de 6 à 15 ouvriers.

La 1re classe comprend tous les tailleurs qui occupent de 15 à 25 et au delà.

Le prix des façons serait fixé pour les diverses classes d'après un tarif donné par le conseil des délégués, composé de douze membres, dont six représenteraient les maîtres tailleurs, et les six autres les ouvriers.

Il sera interdit à tout appiéceur faisant partie de l'association, travaillant chez lui, d'occuper plus d'un ouvrier. Faute de se conformer à cette décision, il sera regardé comme maître tailleur.

§ 2. Les ouvriers seront également divisés en trois catégories, qui comprendront 1re, 2e, 3e classe. Le prix du salaire varierait de 3 à 5 fr., selon le savoir des ouvriers.

Il y aurait dans la société de l'Union un bureau de placement, où les ouvriers seraient inscrits à tour de rôle au fur et à mesure qu'ils se présenteront. Il y aura dans ce bureau un livre à souche, à l'effet de prévenir l'injustice et la faveur pour l'inscription. Les Français étant égaux, il ne doit pas y avoir de préférence entre des frères. Les nationaux seront placés avant les étrangers.

Les maîtres tailleurs voulant donner une preuve non équivoque aux ouvriers de tout le désir qu'ils ont d'améliorer leurs positions, donneront 2 centimes par franc sur les façons qu'ils auront fait confectionner aux ouvriers pendant le mois, qu'ils verseront dans la caisse de l'Union. Cette somme paraît minime par elle-même ; mais elle ne laisse pas que de produire un chiffre considérable.

EXEMPLE. J'admets qu'il y ait mille tailleurs dans Paris, faisant pour 20,000 francs en moyenne de façon, à 2 centimes du franc, cela donnerait par tailleur 400 francs, et pour les mille 400,000 fr.

Chaque ouvrier tailleur versera à la caisse 5 centimes par franc sur sa journée. Cette petite cotisation personnelle, qui n'est presque rien par elle-même, doit produire un maniement de fonds considérable, qui doit faire le bien-être général d'une des plus importantes corporations de Paris. Ce n'est pas avec des paroles que je développerai mon projet, mais avec des chiffres.

J'admettrai que chaque ouvrier en moyenne gagnerait 2 francs 50 centimes par jour, ce qui établirait un chiffre annuel par tête de 912 francs, à 5 centimes donneront 45 francs 50 centimes de contribution volontaire. Il y a 20,000 ouvriers de cette profession à Paris, ce qui produirait 910,000 francs. Cette somme jointe à la première, que les maîtres tailleurs se sont imposée volontairement, donnerait pour la première année 1,310,000 francs. Cette somme placée par un administrateur habile et le Conseil de Surveillance, rapportera de gros intérêts.

Ainsi, l'ouvrier, avec sa faible cotisation, peut se produire des avantages incalculables. Si la maladie vient sous son toit, il se trouvera soigné. Médecins, médicaments, nourriture, rien ne lui manquera [1].

Les capitaux de la Société des Tailleurs-Unis pourraient être employés avec fruit de différentes manières :

---

[1] J'admets 4 malades sur 100 ouvriers sociétaires, à 1 fr. 50 c. par tête (547 fr. 50 c.) ; médicaments, 52 fr. 50 c. En tout 600 fr. pour les 4 pour 100 (2,400 fr.). Et pour les 800 malades présumés, d'après les 20,000 membres, cela établirait une dépense annuelle de 480,000 fr. sur 910,000 fr. ; nous trouverions encore en caisse 430,000 fr. sur la cotisation des ouvriers, sans compter la souscription des maîtres tailleurs.

1° Par la création d'un atelier national ;

2° En achat et solde de marchandises à des prix avantageux ;

3° En achat de rentes ;

4° En secours pour les malades et les vieillards.

CRÉATION D'UN ATELIER NATIONAL.

Tout ouvrier avec sa faible contribution est actionnaire de cette grande entreprise, qui doit lui procurer du travail pendant la morte saison. Cette création gigantesque, qui est un enfant de la révolution de 1848, pourra également s'appliquer par la suite aux autres corps d'état. Les ouvriers tailleurs qui ont toujours marché à grands pas dans la carrière du progrès, doivent montrer les premiers qu'ils comprennent notre admirable révolution, en jetant les premiers fondements d'une entreprise qui doit établir la véritable fraternité entre les maîtres et les ouvriers.

Cet atelier est destiné à donner de l'occupation aux ouvriers en morte saison. Les produits qui sortiraient confectionnés de leurs mains seraient vendus avec avantage dans des petits pays éloignés de la capitale, où les habitants sont à peine vêtus. Ces débouchés, joints à ceux que les marchandises trouveraient pour les colonies et l'exportation, doivent rassurer les hommes qui désirent et veulent l'amélioration de la classe ouvrière.

ACHAT ET SOLDE DE MARCHANDISES.

Il est de toute nécessité, pour donner la vie à cet immense atelier qui doit alimenter l'ouvrier, d'avoir des matériaux pour travailler : les draps, les doublures, la mercerie, sont nécessaires à la confection. L'Administrateur, aidé de son Conseil, pourra acheter et solder les marchandises qu'il jugera nécessaires aux articles qu'il doit faire confectionner, non-seulement pour l'intérieur de la France, mais encore pour l'exportation.

Tout marchand tailleur pourra acheter dans l'atelier national toutes les marchandises qu'il pourrait avoir besoin, n'importe la quantité; car il est de toute justice que le petit marchand puisse jouir des avantages de bon marché comme les premières maisons. Une simple retenue de 5 pour 100 sur le prix d'achat serait conservée pour les frais.

Tout ouvrier occupé à l'atelier national recevra une journée de 1 franc 75 centimes à 2 francs. Il est de toute justice que l'Administration donne ce prix : 1° parce que celui qui a envie de travailler trouvera de l'occupation en morte saison; 2° il serait injuste dans le moment du travail de priver les maîtres tailleurs de leurs ouvriers par une concurrence d'autant plus redoutable qu'elle aurait des ramifications immenses. Si l'amélioration de la classe ouvrière doit être le but de tous les bons républicains plus favorisés du sort, il ne faudrait pas que leur philanthropie hâte leur ruine.

Il faut que l'ouvrier, à son tour, protége les maîtres tailleurs. C'est de cet accord parfait que dépend la fraternité, le bien-être général. Ce produit immense, utilisé comme dans les compagnies d'assurances avec les chances de mortalité, assurera un morceau de pain aux ouvriers que leur âge ne permettra plus de travailler. Habitué à la sobriété, l'homme se trouvera heureux à un âge avancé avec son petit revenu de 600 francs, qui pourra s'accroître selon les bénéfices de la Société.

Les bienfaits que la République répand sur notre patrie en abolissant un impôt qui pesait principalement sur les objets de consommation de la classe ouvrière, rendra la vie facile et agréable à Paris. Tous les citoyens comprendront combien le bien est facile à faire; ils remercieront du fond du cœur l'homme-Dieu qui est mort en prêchant la fraternité à tous les peuples; ils apprendront à leurs enfants à bénir une religion qui enseigne tous les principes de morale qui assureront le bien-être de la société.

L'enfant imbu de ces sentiments sera fils respectueux, et en grandissant il deviendra bon citoyen, bon époux et bon père de famille. La justice basée sur la conscience et les sentiments du cœur fera renaître l'âge d'or dans notre belle patrie.

ADMINISTRATION DE LA COMPAGNIE DES TAILLEURS UNIS.

CONSEIL DE SURVEILLANCE.

Le délégué du gouvernement (*Président*).
Les six maîtres tailleurs, les six ouvriers (*Délégués*).

L'ADMINISTRATION SE COMPOSERAIT :

1° D'un Administrateur à. . . . . . . 3,000 fr. »

2° D'un Commis Caissier (avec cautionnement). . . . . 2,400 »

3° D'un Acheteur. . . . . 1,800 »

4° D'un Commis principal pour le bureau de placement et les journées d'ouvriers. . . . . 1,800 »

5° D'un 2ᵉ Commis, même bureau. 1,200 »

6° D'un Garçon de bureau et un de recettes. . . . . 2,400 »

7° De deux Commis, dont un à 1,500 fr. et l'autre à 1,200. . . . 2,700 »

8° De deux Commis pour la vente de la confection. . . . . 2,700 »

9° D'un premier Coupeur. . . . . . . 1,500 »

10° D'un deuxième Coupeur. . . . 1,200 »

11° De six Médecins, un pour deux arrondissements. . . . . 6,000 »

12° Frais d'administration pour la première année. . . . . 5,000 »

13° Location d'une maison et impôt. 6,000 »

14° Secours aux ouvriers malades. 480,000 »

FRAIS GÉNÉRAUX. . . 517,700 »

CAPITAL. . . . . 1,310,000 »

NET AU BOUT DE L'AN. . . . 792,300 fr. »

Dans les recettes de 1,310,000 fr., je ne compte pas le gain présumé sur les marchandises vendues, pour la première année ; car il est du devoir de tout bon républicain de venir en aide aux ouvriers âgés et infirmes', qui n'ont plus la force de travailler. Ce produit, par l'écoulement des marchandises plusieurs fois renouvelées dans l'année, pourrait donner 80 à 100,000 fr. de bénéfices, qui seraient entièrement consacrés au soulagement des veillards et des veuves de la corporation.

J'ai cru faire acte de bon citoyen en fixant à des prix modérés les divers employés ; tous les émoluments sont suffisants pour vivre ; il ne serait pas convenable de prodiguer les économies des ouvriers.

Tous les corps d'état étant organisés sur ces bases, feront renaître la prospérité, le commerce en France, qui s'accroîtront dans des proportions considérables ; *la pauvreté disparaîtra ;* l'ouvrier jouira de tous ses droits de citoyen, *électeur* et même *député,* si son intelligence et ses capacités le lui permettent ; il se trouvera assis à côté de nos magistrats, de nos généraux, de nos savants ; *il pourra ainsi marcher de pair avec les illustrations du pays ;* la FRATERNITÉ, avec de sages institutions, où les droits de tous seront respectés, ne sera plus un mot, mais une réalité entre tous les citoyens, puisque l'homme peu favorisé de la fortune n'aura rien à envier à ceux qui ont été plus heureux que lui : aujourd'hui ce n'est plus le règne des priviléges, c'est celui du talent et de l'intelligence.

ACTE DE SOCIÉTÉ.

La présente Société, dite l'*Union générale des Maîtres Tailleurs et des Ouvriers*, a pour unique objet d'assurer à tous les ouvriers du travail en morte saison, des secours en cas de maladie, et une pension dans la vieillesse.

Les maîtres tailleurs d'une part, et les ouvriers d'autre part, soussignés, déclarent reconnaître que l'association dans le travail est le véritable moyen d'établir la fraternité dans le même corps d'état, organisent de concert *une Société* qui doit contribuer à l'amélioration du sort du travailleur.

ART. 1er. Tout Tailleur établi peut faire partie de la Société de l'Union, qui est une œuvre philanthropique, et versera dans la caisse 2 pour 100 sur les façons qu'il payera aux ouvriers ; il est de toute justice qu'il vienne en aide à ceux qui, moins heureux que lui, améliorent sa position par leurs travaux quotidiens.

ART. 2. Tous les ouvriers de la corporation peuvent entrer dans la Société ; ils verseront 5 cent. par franc sur le montant des journées.

ART. 3. Chaque ouvrier sociétaire aura un livre des Statuts; lorsqu'il quittera un patron, il fera signer dessus la retenue qu'il s'est engagé à laisser comme cotisation; ce livret servira à contrôler les rapports des maîtres avec les ouvriers.

ART. 4. Il y aura dans l'Administration un bureau pour le placement des ouvriers; le commis qui tiendra le bureau inscrira à tour de rôle les ouvriers qui se présenteront et leur donnera un bulletin avec un numéro d'ordre.

ART. 5. Tout Tailleur qui prendra un enfant pour apprenti doit user des droits que les parents lui donnent, en bon père de famille, lui apprendre consciencieusement l'état et ne pas employer son temps en des corvées qui parfois sont préjudiciables à sa santé.

ART. 6. Tout ouvrier malade sociétaire aura droit à des secours de la Caisse de l'Union; mais il faut qu'il soit muni d'un certificat du médecin de l'arrondissement nommé par la Société, visé à la mairie; indépendamment des visites du médecin et des médicaments, il pourrait percevoir 1 fr. 50 c. par jour, pendant sa maladie.

Tout ouvrier qui aura joué sa santé, soit en se battant à la suite d'ivrognerie, soit en maladies qui naissent de la débauche, sera privé de ces secours. Un bon républicain doit être sobre et avoir de bonnes mœurs.

ART. 7. Il sera désigné un médecin pour deux

arrondissements, attaché à la Société et rétribué par elle ; il sera chargé de visiter et de soigner chacun de ses membres malades.

Art. 8. Tout sociétaire à l'âge de 60 ans aura droit à une pension.

Art. 9. La Société sera autorisée par le Conseil de Surveillance à acheter ou louer une propriété dans le département de la Seine, qui servirait d'invalides aux hommes qui ne pourraient plus travailler ; ils vivraient en commun et sur le pied d'une véritable égalité.

Art. 10. L'Administrateur, le Caissier, le Commis aux achats et le Commis en chef du bureau de placement à appointements fixes, seront nommés pour trois ans ; et ils seraient révocables par le Conseil de Surveillance en cas de mauvaise gestion, ou autres abus qui se glissent trop souvent dans les grandes administrations.

Art. 11. Tous les mois l'Administrateur rendra compte de ses opérations au Conseil de Surveillance et placera les fonds disponibles selon le désir exprimé dans la réunion mensuelle.

Art. 12. Tout ouvrier qui s'absentera du département de la Seine ne sera pas rayé des contrôles de la Société, pourvu que son livret justifie l'emploi de son temps, et qu'il acquitte fidèlement à son retour ce qu'il s'est engagé à payer à la caisse de l'Union.

Art. 13. L'ouvrier qui travaillera à l'atelier pa-

tional recevra une journée qui variera de 1 fr. 75 c.
à 2 fr. par jour.

Art. 14. A la fin de chaque année, il y aurait
un compte rendu des opérations de l'année ; les
actionnaires se réuniraient en assemblée générale ;
dans cette réunion l'Administrateur rendrait compte
de la situation de la Société.